汉竹编著 • 亲亲乐读系列

诗经胎教

金照巽 主编

汉竹图书微博
http://weibo.com/hanzhutushu

江苏凤凰科学技术出版社
全国百佳图书出版单位

序言

为什么选择《诗经》做胎教？

许多人知道《诗经》，始于那些脍炙人口的名句，“窈窕淑女，君子好逑”“所谓伊人，在水一方”“桃之夭夭，灼灼其华”“执子之手，与子偕老”……

你是否发现，《诗经》里吟咏过的那些篇章，它们感情真挚，纯粹美好，直抵心灵深处。

宝宝在腹中慢慢长大，这是一个奇特又美妙的过程，纯净无邪的诗经胎教会成为你和宝宝美好的陪伴。

夜晚，灯光柔和，你倚在床头，宝宝依偎在腹中，吟诵《诗经》的声音轻轻流淌。

诗，不是远方，而是怀在你心头的宝贝。

程正民

北京师范大学中文系主任 教授

从古至今说胎教

古人的胎教智慧

我国古人对胎教有不少详尽准确的记载，讲述了胎教的重要意义和具体内容。孟子的母亲曾说："吾怀妊是子，席不正不坐，割不正不食，胎之教也。"

《西汉·刘向传》《烈女传·母仪传·周室三母》中记载："古者妇人妊子，寝不侧，坐不边，立不跸，不食邪味。割不正不食，席不正不坐，目不视于邪色，耳不听于淫声，夜则令瞽诵诗，道正事。如此则生子形容端正，才德必过人矣。"

《医心方·求子》记载："凡女子怀孕之后，须行善事，勿视恶声，勿听恶语，省淫语，勿咒诅，勿骂詈，勿惊恐，勿劳倦，勿妄语，勿忧愁，勿食生冷醋滑热食，勿乘车马，勿登高，勿临深，勿下坂，勿急行，勿服饵，勿针灸，皆须端心正念，常听经书，遂令男女，如是聪明，智慧，忠贞，贞良，所谓胎教是也。"

古法今鉴

以上胎教法都是古人的经验，虽然略有偏颇，甚至苛刻，但至今仍有一定的参考价值。总之，孕妈妈向胎宝宝传达什么，他就能感受到什么。孕妈妈多看美好的事物，凡事往好的方面去想，对胎宝宝的影响就是积极的。

现代胎教的依据——优境学

这个问题从人类进化的优境学入手，乍一看略显枯燥难懂，实际上，就是为胎宝宝提供一个优良的生长环境，也正是如此，它为胎教提供了非常明确的依据。而在胎儿发育环境中最重要的是孕妈妈、均衡的营养，稳定的情绪，以及避免接受外界不良因素影响。

均衡的饮食

孕妈妈的饮食首先应均衡，这对胎宝宝大脑及全身发育有极好的作用，可以使胎宝宝的遗传潜力得到进一步发挥和发展。

稳定的情绪

孕妈妈与胎宝宝之间由血液中的化学成分沟通，孕妈妈的情绪直接影响内分泌的变化，而内分泌物质又经血液流到胎宝宝体内，所以，孕期保持情绪稳定、心情舒畅及劳逸适度，这些平和愉快的情绪会以一种奇妙的内循环方式传达给胎宝宝，给小家伙一种安全感及舒适感，从而促进他健康发育。

身体健康，内外兼顾

孕妈妈特别要避免病毒感染、接触放射线及有害化学物质。特别是在孕早期，孕妈妈如果患有风疹或病毒性感冒，或是接触有害物质后，可能会导致胎宝宝畸形；在孕中晚期接触有害物质会引起胎宝宝功能障碍，乃至身体、智力发育迟缓。而一个鸟语花香、空气清新的环境，会给子宫内的胎宝宝输入清洁的氧气，让胎宝宝健康成长。

孕一月

憧憬

孕二月

甜蜜

孕三月——约定

孕四月 愉悦

孕五月——盎然

孕六月

传音

孕七月

传话

孕八月

传心

孕九月——畅想

孕十月

幸福

孕一月

憧 憬

宝贝，你好呀！你正式入住我的腹中了哦，在妈妈腹中“小房子”里扎根发芽。想到这些，我就高兴，我和爸爸一起期待着与你的相遇，等待的过程有十个月，我们要一起努力，快乐平安地度过这个美妙的过程。

关雎

扫一扫 听诗经

关关雎(jū)鸠(jiū)，在河之洲。	关关和鸣的雎鸠啊，双栖在河心小岛上。
窈(yǎo)窕(tiǎo)淑女，君子好(hǎo)逑(qiú)。	美丽娴雅的姑娘啊，真是我的理想配偶。
参(cēn)差(cī)荇(xìng)菜，左右流之。	长长短短的荇菜哟，顺着水流左右采摘。
窈窕淑女，寤(wù)寐(mèi)求之。	美丽娴雅的姑娘啊，朝思暮想梦寐以求。
求之不得，寤寐思服。	美好愿望难以实现，寝食难安日思夜想。
悠哉悠哉，辗转反侧。	我心悠悠情思深长，翻来覆去孤枕难眠。
参差荇菜，左右采之。	长长短短的荇菜哟，左右不停地采摘着。
窈窕淑女，琴瑟友之。	美丽娴雅的姑娘啊，弹奏琴瑟来亲近她。
参差荇菜，左右芼(mào)之。	长长短短的荇菜呀，采了左边又摘右边。
窈窕淑女，钟鼓乐之。	美丽娴雅的姑娘啊，敲钟击鼓来取悦她。

诗中的画

碧波映照的水中绿洲，在这和谐明媚的小天地里，雎鸠和鸣，双宿双栖。有位窈窕淑女缓缓而入，轻轻拨动君子的心弦。那位君子时而幻想弹琴奏瑟亲近姑娘，时而幻想敲钟击鼓取悦姑娘。日夜期盼，朝思暮想。

妈妈的话

我亲爱的宝宝啊，从今天起，妈妈就要进入孕育你的日子啦。在这十个月的日子里，妈妈会好好爱惜自己，因为这样就是好好照顾尚未谋面的你。妈妈也像诗中的君子一样期待着，走过这段梦幻般的日子，拥抱一份与你和谐明媚相见的祝愿。

东门之墠

东门之墠（shàn），茹藘（lǘ）在阪。　东门郊宽阔野外，茜草沿着山坡长。
其室则迩，其人甚远。　你的家离我很近，可你却若在远方。

东门之栗，有践家室。　东门附近栗树旁，房屋栋栋排得齐。
岂不尔思？子不我即。　难道是我不念你？是你不敢亲近我。

扫一扫 听诗经

诗中的画

东门郊外，满是茜草的山坡，栗树旁边，和睦善良的一家。

男女对歌。男子似怨实念，你家近在咫尺，你却远在天涯。女子似嗔实喜，莫要胆怯，我在等你，和你一起。两两相望，惺惺相惜。

妈妈的话

我心爱的宝宝，自从怀了你，妈妈欣喜之余，也有一丝不安。因为，从怀上你的那一刻起，就意味着，妈妈将开始担起生命中最神圣的天职。但是同时，妈妈也要感谢你，我的宝宝。因为你，妈妈将更加勇敢。妈妈爱你，妈妈等你！

采葛

扫一扫 听诗经

彼采葛兮，一日不见，
如三月兮。

那位姑娘去采葛啦！一天没有看见她了，
仿佛相隔了三个月。

彼采萧兮，一日不见，
如三秋兮。

那位姑娘去采萧呀！一天没有看见她了，
仿佛相隔了九个月。

彼采艾兮，一日不见，
如三岁兮。

那位姑娘去采艾呢！一天没有看见她了，
仿佛相隔了三年啊。

诗中的画

心爱的姑娘去采葛了，男子的思念那么深，那么长，一天没有看见姑娘，就如同相隔了几个月、几年的时光。

男子在门口翘首企盼着能够再一次看见心爱的姑娘，却不知何时能如愿以偿！

妈妈的话

宝宝啊，妈妈也期盼着你。十个月的等待，好长，这个等待长得要用一生的陪伴去延续。可是，十个月的等待，又好短，短得我要好好珍惜每一天。

子衿

青青子衿(jīn)，悠悠我心。
纵我不往，子宁(nìng)不嗣(yí)音？

清白的是你的衣装，忧思的是我的心情。
纵然是我未去找你，你就不能给个音讯？

扫一扫 听诗经

青青子佩，悠悠我思。
纵我不往，子宁不来？

清白的是你的佩带，绵绵的是我的思念。
纵然是我未去找你，你就不能过来找我？

挑兮达(tà)兮，在城阙(què)兮。
一日不见，如三月兮。

走来走去唯影相随，城阙守候望眼欲穿。
与你不过一日未见，在我心中久如三月。

诗中的画

我独坐闺中，心里倍加思念我的情郎，你怎么就不给个音讯呢？你知道我有多想念你吗？

妈妈的话

亲爱的宝宝，妈妈知道，你正在妈妈的肚子里慢慢生长。思念你是悠长的，守望你是幸福的。

蒹葭

扫一扫 听诗经

蒹(jiān)葭(jiā)苍苍，白露为霜。	初生芦苇一片茂盛，露水结成白色的霜。
所谓伊人，在水一方。	我心思慕的那个人，在水相隔的那一方。
溯(sù)洄(huí)从之，道阻且长。	逆流而上去寻找她，险阻道路那么漫长。
溯游从之，宛在水中央。	顺流而下去寻找她，她却宛如在水中央。
蒹葭萋(qī)萋，白露未晞(xī)。	初生芦苇繁盛茂密，清晨凄冷霜露未干。
所谓伊人，在水之湄。	我心思慕的那个人，在水相隔的岸那边。
溯洄从之，道阻且跻(jī)。	逆流而上去寻找她，险阻道路峻峭难攀。
溯游从之，宛在水中坻(chí)。	顺流而下去寻找她，她却宛如在水中岛。
蒹葭采采，白露未已。	初生芦苇茂密丛生，露珠晶莹尚且湿润。
所谓伊人，在水之涘(sì)。	我心思慕的那个人，在水相隔的河那头。
溯洄从之，道阻且右。	逆流而上去寻找她，道路险阻蜿蜒迂回。
溯游从之，宛在水中沚(zhǐ)。	顺流而下去寻找她，她却如在水中沙洲。

诗中的画

深秋清晨，男子立身“蒹葭苍苍”的岸边，遥想“在水一方”的伊人。

男子沿着岸边蜿蜒曲折的道路，不畏艰险地上下求索，可是伊人却“宛在水中央”，总是那么可望而不可即。

妈妈的话

男子历经险阻，却只能与心爱的人隔岸相望，遥不可及。妈妈也即将迎来人生中最特别的时刻，但妈妈内心是欣喜，平和又充满期待的。因为，我心爱的宝宝，你是可望又可即的。我们是一体的！

匏有苦叶

扫一扫 听诗经

匏(páo)有苦叶，济有深涉。　　匏叶已枯葫芦已熟，济水虽深仍可渡过。
深则厉，浅则揭(qì)。　　水深腰系葫芦游过，水浅撩起下裳趟过。

有弥济盈，有鷕(yǎo)雉(zhì)鸣。　　济水茫茫弥漫堤岸，野雉声声鸣唤水边。
济盈不濡轨，雉鸣求其牡。　　济水虽未淹过车轮，雌雉召唤雄雉陪伴。

雝(yōng)雝鸣雁，旭日始旦。　　大雁相和鸣叫长空，旭日东升始放光芒。
士如归妻，迨(dài)冰未泮(pàn)。　　你若有心娶我为妻，趁着河水尚未结冰。

招招舟子，人涉卬(áng)否。　　船夫声声唤我上船，别人过河而我不过。
人涉卬否，卬须我友。　　别人过河我先不过，我要等待我的情郎。

诗中的画

葫芦成熟的季节，济水茫茫，野雉唤偶，大雁和鸣，一位姑娘站在岸边。她婉拒了船夫唤她上船，一心痴等着对岸的情郎渡河相会。

妈妈的话

野雉会与野雉相互陪伴，大雁会与大雁长空和鸣。姑娘等待着自己的未婚夫。我的宝宝，妈妈会伴随你慢慢成长。如果你是男孩儿，你就是妈妈心中的男子汉。如果你是女孩儿，你就是妈妈心中的小仙女。

孕二月

甜　蜜

宝贝啊，本月末，你的手脚看上去就像两个可爱的小短桨，小心脏也开始跳动了！妈妈的妊娠反应也慢慢开始了，不过想着你在妈妈肚子里努力生长，妈妈就有无限的力量。

东门之池

扫一扫 听诗经

东门之池，可以沤(òu)麻。　东门外的护城河呀，正可用以浸泡新麻。
彼美淑姬，可与晤(wù)歌。　那美丽善良的姑娘，正可与她对歌传情。

东门之池，可以沤纻(zhù)。　东门外的护城河呀，正可用以浸泡纻麻。
彼美淑姬，可与晤语。　那美丽善良的姑娘，正可与她对话家常。

东门之池，可以沤菅(jiān)。　东门外的护城河呀，正可用以浸泡芦荻。
彼美淑姬，可与晤言。　那美丽善良的姑娘，正可与她倾诉衷肠。

诗中的画

东门外的护城河边，水中涟漪不断。此时此地，心爱的姑娘正在浸泡着麻布，男子与她隔岸对唱，倾诉衷肠，顺着河水，暗送秋波！

妈妈的话

亲爱的宝宝，你在妈妈的肚子里，可还舒服吗？妈妈可有点不舒服呢。不过如今妈妈和你的两颗心一起跳动着，想到你还有9个月就要出生了，妈妈就感到很骄傲。

宝贝，等你长得大一点，妈妈给你唱歌念诗听，好不好？

隰桑

扫一扫 听诗经

隰(xí)桑有阿(ē)，其叶有难(nuó)。　洼地桑树婀娜柔美，桑树叶子茂盛润泽。
既见君子，其乐如何。　看见我的丈夫归来，心上快乐难以诉说。

隰桑有阿，其叶有沃。　洼地桑树婀娜柔美，桑树叶子茂盛肥沃。
既见君子，云何不乐？　看见我的丈夫归来，心头如何能不快乐？

隰桑有阿，其叶有幽。　洼地桑树婀娜柔美，桑树叶子青翠浓密。
既见君子，德音孔胶。　看见我的丈夫归来，互诉衷情如胶似漆。

心乎爱矣，遐不谓矣？　爱你爱在内心里头，何不直接向你诉说？
中心藏之，何日忘之？　把你藏在心灵深处，哪有一日能够忘记？

诗中的画

洼地桑林，采桑女子看到她的丈夫归来，心上的甜蜜无以言说，桑树都变得婀娜了，桑叶也变得柔润了。

妈妈的话

亲爱的宝宝，你也是妈妈的小心上人儿，妈妈总是会想象你出生后的样子呢！一想到你的样子就什么烦恼都没有了。

摽有梅

摽(biào)有梅，其实七兮。 熟梅子纷纷落地，树上还有六七成。

求我庶士，迨(dài)其吉兮。 追求我的男子们，趁着这个好时辰。

扫一扫 听诗经

摽有梅，其实三兮。 熟梅子纷纷落地，树上还有两三成。

求我庶士，迨其今兮。 追求我的男子们，趁着今天好时光。

摽有梅，顷筐塈(jì)之。 熟梅子纷纷落地，拿着筐儿来拾取。

求我庶士，迨其谓之。 追求我的男子们，趁此时光来表白。

诗中的画

梅子已熟，青春将逝，落梅勾起待嫁女子的内心感触。趁着打梅、拾梅的繁闹氛围，女子们唱着热情流露的情歌，追求我的小伙子们呀，还不趁此时节向我表白吗？

妈妈的话

亲爱的宝宝，每当想到未来的你，妈妈就会好开心。妈妈和爸爸的二人世界，会因为你的降生而变得更加热闹，我等着你叫出第一声“妈妈”呢，这个可是胜过任何表白啊！

丘中有麻

扫一扫 听诗经

丘中有麻，彼留子嗟（jiē）。　山坡上面麻地上，刘家小伙名子嗟。
彼留子嗟，将其来施施。　刘家小伙名子嗟，请他过来帮帮忙。

丘中有麦，彼留子国。　山坡上面麦地里，刘家长辈名子国。
彼留子国，将其来食。　刘家长辈名子国，请他过来吃吃饭。

丘中有李，彼留之子。　山坡上面李树下，刘家小伙就是他。
彼留之子，贻我佩玖。　刘家小伙就是他，赠我佩玖表心意。

诗中的画

麻地麦田，男女相会，情投意合。

山坡上李树下，男子将所佩饰物相赠，以示情意永久。

双手相牵，四目相对。

妈妈的话

亲爱的宝宝，你可是与妈妈情投意合的小天使呢！妈妈对你的爱，永不改变。你也会这样地爱妈妈，对吗？你的小手已长成了，妈妈期待以后与你手牵手的日子。

著

扫一扫 听诗经

俟(sì)我于著乎而，	新郎等我门屏间，
充耳以素乎而，	冠上白丝垂耳边，
尚之以琼华乎而。	光华琼玉风采添。
俟我于庭乎而，	新郎等我于庭前，
充耳以青乎而，	冠上青丝垂两腮，
尚之以琼莹乎而。	晶莹琼玉添风采。
俟我于堂乎而，	新郎等我于中堂，
充耳以黄乎而，	冠上黄丝垂两旁，
尚之以琼英乎而。	精美琼玉风采棒。

诗中的画

新娘出嫁，新郎亲迎。新娘在屏风后偷看，只见新郎容光焕发，冠冕堂皇，风采夺目。新娘暗自窃喜，欢愉之情难以遮掩，忘记了羞涩。

妈妈的话

亲爱的宝宝，未来的你，会像你爸爸多一点儿，还是会像妈妈多一点儿？

希望你的眼睛像我，那样显得你更漂亮。你的鼻子像爸爸，那样显得你更英俊。

女曰鸡鸣

扫一扫 听诗经

女曰："鸡鸣。"
士曰："昧旦。"
"子兴视夜，明星有烂。"
yì fú
"将翱将翔，弋凫与雁。"

"弋言加之，与子宜之。
宜言饮酒，与子偕老。
琴瑟在御，莫不静好。"

"知子之来之，杂佩以赠之。
知子之顺之，杂佩以问之。
知子之好之，杂佩以报之。"

女说："公鸡打鸣了。"
男说："天色还早呢。"
"你快起来看夜空，启明星光亮晶晶。"
"鸟儿正在飞翔着，射些野鸭与野雁。"

"射中鸭雁拿回家，为你做成好菜肴。
就菜下酒相对饮，与你携手慢慢老。
你弹琴来我鼓瑟，美满宁静又安好。"

"知你对我多关怀，赠你玉佩示我爱。
知你对我多温柔，赠你玉佩表我情。
知你对我多情义，赠你玉佩明我心。"

诗中的画

静谧乡野，优美的晨景：鸡鸣、晨起、打猎、烧菜、对饮、琴瑟和鸣、杂佩表爱，情趣盎然，家庭和睦的田园生活，生动眼前。

妈妈的话

亲爱的宝宝，最近我总是想象扶着你在屋中摇摇晃晃地学步，爸爸在旁边安静地看着我们，开心地笑着。幸福就该是这样子的：欢乐和睦，爱意满屋。

宝贝，你已经在我肚子里住了三个月了，你现在可是个名副其实的胎宝宝了，现在的你处于器官形成和发育的时期，对外界的不良刺激比较敏感，但是放心，爸爸妈妈会好好保护你的。

孕三月

约 定

木瓜

扫一扫 听诗经

投我以木瓜，报之以琼琚(jū)。	她将木瓜赠送我，我用佩玉回赠她。
匪报也，永以为好也。	不是仅仅为回礼，而是愿永结为好。
投我以木桃，报之以琼瑶。	她将木桃赠送我，我用美玉回报她。
匪报也，永以为好也。	不是仅仅为回礼，而是愿永结为好。
投我以木李，报之以琼玖。	她将木李赠送我，我用宝玉回报她。
匪报也，永以为好也。	不是仅仅为回礼，而是愿永结为好。

诗中的画

男女相会，两情相悦。女子赠送男子果实，男子回赠贵重佩玉，交换之时，眉目传情。女子低头看着美玉，男子痴痴看着恋人。

妈妈的话

亲爱的宝宝，你是爸爸、妈妈共同创造的新生命，是妈妈最值得珍重的礼物。你正在一点点地成长，你马上就会有一对美丽明亮的眼睛啦！

丰

扫一扫 听诗经

子之丰兮，俟（sì）我乎巷兮。	难忘你容颜风采，曾久等我于巷中。
悔予不送兮！	后悔我未跟随你！
子之昌兮，俟我乎堂兮。	难忘你体魄健美，曾久等我于堂内。
悔予不将兮！	后悔我未同你走！
衣锦褧（jiǒng）衣，裳（cháng）锦褧裳。	身上穿着出嫁服，外面披着锦绣衫。
叔兮伯兮，驾予与行（háng）。	男方迎亲的人啊，驾车接我同归去。
裳锦褧裳，衣锦褧衣。	外面披着锦绣衫，身上穿着出嫁服。
叔兮伯兮，驾予与归。	男方迎亲的人啊，驾车接我同归去。

诗中的画

女子已备好嫁衣，却已无迎亲马车来接，悔不当初。女子因悔而思，因思而念，倚门而立，盼望着男方迎亲的马车再度回还。

妈妈的话

亲爱的宝宝，人生要面对很多决定，偶尔会后悔，这都很正常。如果你遇到困难，要勇敢面对，妈妈也会在你身后，一直支持你。

车舝

扫一扫 听诗经

间关车之舝（xiá）兮，思娈（luán）季女逝兮。	车轴转动吱扭吱扭，迎娶思慕美貌少女。
匪饥匪渴，德音来括。	从此不再如饥如渴，美誉少女德才兼备。
虽无好友，式燕且喜。	纵然没有好友来贺，宴饮还是满怀喜悦。
依彼平林，有集维鷮（jiāo）。	平原树林郁郁葱葱，树上栖息美丽野雉。
辰彼硕女，令德来教。	美貌女子身材高大，美好德行富含教养。
式燕且誉，好尔无射（yì）。	欢庆宴席无比愉悦，爱你长久永不厌倦。
虽无旨酒，式饮庶几。	虽然没有醇香美酒，但也希望你能同饮。
虽无嘉肴，式食庶几。	虽然没有美味佳肴，但也希望你能品味。
虽无德与女，式歌且舞。	虽无美德与你般配，但也希望一同歌舞。
陟（zhì）彼高冈，析其柞薪。	登上那座高高山岗，柞树枝条砍作柴薪。
析其柞薪，其叶湑（xǔ）兮。	柞树枝条砍作柴薪，柞树枝叶繁茂清馨。
鲜我觏（gòu）尔，我心写兮。	今我有幸与你婚配，心花怒放舒畅极了。
高山仰止，景行行止。	巍峨高山仰首眺望，宽广大路阔步向前。
四牡騑（fēi）騑，六辔（pèi）如琴。	四匹公马奔腾不息，六根缰绳协如琴弦。
觏尔新婚，以慰我心。	能够与你燕尔新婚，足以快慰我这番心。

诗中的画

树林葱葱，车轮转动，男子迎娶新娘，心情无限美好，所见皆是美好。

看见美丽雉鸡，想到自己未迎娶的美貌的新娘。登上高高山岗，树叶叶茂清馨。见到高山大道，心情宽阔如路。奔跑的马儿如同自己的心跳，紧绷的缰绳如同自己的心弦。接到新娘，足以慰藉。

妈妈的话

亲爱的宝宝，妈妈产检的时候第一次听到了你心脏跳动的声音，妈妈好开心，这真是世界上永远都听不厌的声音。你的每一次心跳都拨动了妈妈的心弦。妈妈和你的联系，更加真实，更加紧密了。

绸缪

扫一扫 听诗经

绸缪（chóu móu）束薪，三星在天。	束束柴草紧紧缠，心星高高挂夜天。
今夕何夕，见此良人？	今夜到底是何夜，如此郎君能得见？
子兮子兮，如此良人何？	你啊，你啊，面对郎君怎么办？
绸缪束刍（chú），三星在隅（yú）。	束束草料紧紧缠，心星夜深天东南。
今夕何夕，见此邂逅？	今夜究竟是何夜，于此爱人能相见？
子兮子兮，如此邂逅何？	你啊，你啊，面对郎君怎么办？
绸缪束楚，三星在户。	束束荆条紧紧缠，心星已照门里面。
今夕何夕，见此粲（càn）者？	今夜终究是何夜，得和俊美郎君见？
子兮子兮，如此粲者何？	你啊，你啊，面对郎君怎么办？

诗中的画

星星挂夜空，束束柴草堆旁，女子等待着心爱的郎君。既害羞，又憧憬。独自徘徊在自家小院中，想象着见到郎君时的场景。

妈妈的话

亲爱的宝宝，你看夜空的星星多么漂亮，一闪一闪，像你在跟妈妈眨眼，传递你的欢快心情啊！夜色这么美，妈妈的心情也好美！

出其东门

出其东门，有女如云。	走出城东之门，眼前美女如云。
虽则如云，匪我思存。	虽然美女如云，但非我心上人。
缟(gǎo)衣綦(qí)巾，聊乐我员(yún)。	那身白衣绿裙，快乐又想亲近。
出其闉(yīn)阇(dū)，有女如荼。	走出瓮城之门，眼前美女如花。
虽则如荼，匪我思且。	虽然美女如花，但非我爱的人。
缟衣茹藘(lǘ)，聊可与娱。	那身白衣红巾，足以让我欢娱。

扫一扫 听诗经

诗中的画

东门之外，美女如云，男子一边漫步一边在想着他的心上人。想到心上人，白衣，红巾，绿裙的婀娜身影，他的心情无比欢慰。喜悦之情跃然脸上！

妈妈的话

亲爱的宝宝，即使你还没有出生，但你已经预订了妈妈的最爱。妈妈的身体已经开动马力为哺乳你做准备了，成为母亲真是一件神奇而又美妙的事情。

风雨

扫一扫 听诗经

风雨凄凄，鸡鸣喈(jiē)喈。　　寒风阴雨冷凄凄，鸡儿寻伴鸣唧唧。
既见君子，云胡不夷？　　终于看见夫君回，焦虑情还不平息？

风雨潇潇，鸡鸣胶胶。　　疾风骤雨声潇潇，鸡鸣寻伴声胶胶。
既见君子，云胡不瘳(chōu)？　　既已看见夫君回，相思病还不愈疗？

风雨如晦，鸡鸣不已。　　风雨交加天昏昏，鸡儿寻伴鸣声声。
既见君子，云胡不喜？　　既已看见夫君回，思念人还不开心？

诗中的画

风雨阴冷，天色昏暗，鸡鸣不已。在家门口，女子站立在风雨中守望，见到远处丈夫归来的身影，所有的担忧都被欣喜所替代了！

妈妈的话

亲爱的宝宝，你未来会经历很多的风霜雪雨，你不要害怕，那些经历会让你成长得更快，走得更有力。而且，在你的背后，还有爸爸妈妈坚定的支持。爸爸妈妈永远会在家门口守望着你。

击鼓（节选）

扫一扫 听诗经

击鼓其镗（tāng），踊跃用兵。	战鼓擂得镗镗响，官兵踊跃练刀枪。
土国城漕（cáo），我独南行。	他人担土筑城墙，我独随军向南方。
从孙子仲，平陈与宋。	跟从统帅孙子仲，陈宋纷争得平定。
不我以归，忧心有忡（chōng）。	战事结束仍难归，忧心忡忡神难宁。
爰（yuán）居爰处？爰丧其马？	哪里居啊哪里住？战马丢失在何处？
于以求之？于林之下。	何处可以找到马？丛林深处大树下。
死生契阔，与子成说。	不论生离与死别，我们已约定誓言。
执子之手，与子偕老。	我会紧握你的手，与你携手一起老。
于嗟阔兮，不我活兮。	可叹相聚太遥远，没有缘分重相见。
于嗟洵兮，不我信兮。	可叹分别太长久，怎么让我守誓言。

诗中的画

男子从军，久不能归，忧心忡忡。丛林深处，孤身一人，止不住思及新婚誓言：死生契阔，与子成说。执子之手，与子偕老。

妈妈的话

亲爱的宝宝，我们来个约定好不好。等你将来长大了，无论走到哪里，妈妈都会爱你，支持你，帮助你。而你无论身在何处，即使面临暴风骤雨，也要相信，家，是你永远的归宿。有家，你永远不会独行。

孕四月

愉 悦

宝贝，我们已经安稳地度过孕早期的危险期了，妈妈终于可以放心些了，你现在正处于大脑发育的高峰期，握拳、皱眉头、做鬼脸等动作也都会做了，你可爱的样子，妈妈光是想想，都能笑出声来。

东门之枌

东门之枌(fén)，宛丘之栩(xǔ)。

子仲之子，婆娑其下。

榖(gǔ)旦于差(chāi)，南方之原。

不绩其麻，市也婆娑。

榖旦于逝，越以鬷(zōng)迈。

视尔如荍(qiáo)，贻我握椒。

东门白榆直立挺拔，宛丘栎树枝繁叶茂。

子仲家里美貌姑娘，大树底下翩翩起舞。

挑选一个良辰吉日，同到南边广阔原野。

女子不再忙碌织麻，聚在闹市欢快舞蹈。

趁着吉日前往欢聚，男男女女于此相会。

我看你像朵锦葵花，你赠我一把芳香椒。

扫一扫 听诗经

诗中的画

欢会之期，欢聚之地，放下手中的活儿，闹市中男男女女欢欣跳舞，充分享受生活欢乐。

男女相互赠答，男子夸赞女子美丽如花，女子抓了一把芳香椒塞在男子手中，转身害羞地跑开了。

妈妈的话

亲爱的宝宝，窗外世界的花花草草好漂亮。等你出来了，我们带你一起去看外面的世界，好不好？宝贝，你的头发也像那些花草一样开始生长啦！

硕 人（节选）

扫一扫 听诗经

硕人其颀，衣锦褧(jiǒng)衣。	美人身材高挑优美，身着华丽的出嫁衣。
齐侯之子，卫侯之妻，	她是齐国君侯爱女，她是卫国君侯娇妻，
东宫之妹，邢侯之姨，	她是齐国太子胞妹，她是邢国君侯小姨，
谭公维私。	谭国公侯是她妹婿。
手如柔荑(tí)，肤如凝脂，	手指纤巧嫩如幼苗，皮肤光润透如凝脂，
领如蝤(qiú)蛴(qí)，齿如瓠(hù)犀，	脖颈颀长柔如蝤蛴，皓齿白皙齐如瓠犀，
螓(qín)首蛾眉。	螓首方正娥眉细弯。
巧笑倩兮，美目盼兮。	妩媚一笑梨涡隐现，秋波一转顾盼生辉。

诗中的画

齐国君侯的女儿庄姜出嫁卫国，她天生丽质，美艳绝伦——柔荑纤指，凝脂肌肤，明眸皓齿。巧笑倩兮，美目盼兮，一路上引来百姓无数欣赏的目光。

妈妈的话

亲爱的宝宝，虽然我们还未曾谋面，但在妈妈心中，你就是最漂亮的孩子。期待着和你相见的时刻，每一天都是甜蜜幸福的。

野有蔓草

扫一扫 听诗经

野有蔓草，零露漙（tuán）兮。	野草蔓蔓连延成片，草上露珠闪烁晶莹。
有美一人，清扬婉兮。	有位美女路上独行，眉清目秀温婉可人。
邂逅相遇，适我愿兮。	恰于此时不期而遇，正好适合我心所愿。
野有蔓草，零露瀼（ráng）瀼。	野草蔓蔓连延成片，草上露珠闪烁光芒。
有美一人，婉如清扬。	有位美女路上独行，温婉可人眉清目秀。
邂逅相遇，与子偕臧。	恰于此时不期而遇，情投意合私密幽会。

诗中的画

野外清晨，蔓草青青，露珠晶莹。一位温婉美女独自赶路，邂逅心仪男子，两人一见钟情，停下脚步互相问候，依依不舍。

妈妈的话

亲爱的宝宝，妈妈每次看到美丽景色，心情都很好。有时候，妈妈觉得那处美丽景色就是亲爱的你，向妈妈微笑，向妈妈盛开，向妈妈奔来。

桑中

扫一扫 听诗经

爰采唐矣？沬(mèi)之乡矣。
到哪去采女萝？到那卫国 沬乡。
云谁之思？美孟姜矣。
猜猜我在想谁？美丽姜家长女。
期我乎桑中，要(yāo)我乎上宫，
约我等在桑中，邀我相会上宫，
送我乎淇之上矣。
送我远至淇水。

爰采麦矣？沬之北矣。
到哪去采野麦？到那卫国 沬北。
云谁之思？美孟弋(yì)矣。
猜猜我在想谁？美丽弋家长女。
期我乎桑中，要我乎上宫，
约我等在桑中，邀我相会上宫，
送我乎淇之上矣。
送我远至淇水。

爰采葑(fēng)矣？沬之东矣。
到哪去采蔓菁？到那卫国 沬东。
云谁之思？美孟庸矣。
猜猜我在想谁？美丽庸家长女。
期我乎桑中，要我乎上宫，
约我等在桑中，邀我相会上宫，
送我乎淇之上矣。
送我远至淇水。

诗中的画

男子劳作之时，思及约会旧忆。男子思到兴之所至，随口自问自答自唱。虽然满身汗水泥浆肮脏，但是脸上却带着快乐的表情。

妈妈的话

宝宝，你是妈妈未曾谋面的亲亲宝贝。未曾相见的日子里，妈妈会给你唱歌，陪你说话，给你讲故事。让等待的每一天，都是欢欣的好日子。即使再辛苦，想到和你的见面，妈妈就无比快乐。

静女

扫一扫 听诗经

静女其姝，俟(sì)我于城隅(yú)。　文静姑娘美丽可爱，约我相会城上角楼。
爱而不见，搔首踟(chí)蹰(chú)。　故意藏起让我寻找，抓耳挠腮四处徘徊。

静女其娈(luán)，贻(yí)我彤管。　文静姑娘美丽大方，赠送我一支彤管草。
彤管有炜，说怿(yì)女(rǔ)美。　那只彤管红而有光，满心喜悦它的漂亮。

自牧归荑(tí)，洵(xún)美且异。　郊外送我所采白芽，荑草确实美丽奇异。
匪女之为美，美人之贻。　不是荑草多么美丽，美人礼物所以特别。

诗中的画

美丽女子约会男子，约定城上角楼相见。先是故意藏起，逗得憨厚男子窘态毕露。后是情意缠绵，赠送男子礼物以表心意。

看着手中的礼物，男子感动得说不出话来！

妈妈的话

亲爱的宝宝，妈妈的小肚子已经隆起来啦！这下，你再也没法藏起来了吧。每次身体有一些细微的变化，妈妈都会激动得难以自拔。

有狐

扫一扫 听诗经

有狐绥（suí）绥，在彼淇梁。	有只狐狸慢慢走，就在淇水石桥上。
心之忧矣，之子无裳。	我的心里真忧伤，没件衣服在身上。
有狐绥绥，在彼淇厉。	有只狐狸慢慢走，就在淇水浅滩上。
心之忧矣，之子无带。	我的心里真忧伤，没个衣带系衣裳。
有狐绥绥，在彼淇侧。	有只狐狸慢慢走，就在淇水河岸旁。
心之忧矣，之子无服。	我的心里真忧伤，没件衣服遮风霜。

诗中的画

我看到在淇水旁漫步的狐狸，想到了你没有衣服穿，还在田野劳动，辛苦耕作，非常心疼。一心想为你做一身好衣裳。

妈妈的话

亲爱的宝宝，妈妈怀了你，就要对你负责。妈妈会努力让你生活在爱的世界里。也希望你能在爱与被爱的生活中，早日懂得爱，学会爱自己，爱别人。

无衣（国风·唐风）

扫一扫 听诗经

岂曰无衣？	岂是我没有衣服？
七兮。	我有非常多衣服。
不如子之衣，	只是不如你送的，
安且吉兮。	穿着舒适又美观。
岂曰无衣？	岂是我没有衣服？
六兮。	我有衣服好多件。
不如子之衣，	只是不如你送的，
安且燠(yù)兮。	穿着舒适又温暖。

诗中的画

男子有好多件衣服，却独喜欢她亲手缝制的衣服。那件衣服里，还留着她的温暖。

男子手捧衣服，轻轻地闻着，仿佛她就在眼前。

妈妈的话

亲爱的宝宝啊，人家说女儿是妈妈的小棉袄，贴身穿温暖。儿子是妈妈的厚棉衣，压在身上沉甸甸，但能给人意想不到的温暖。马上就能知道未来的你，会是妈妈的厚棉衣，还是妈妈的小棉袄啦。

宝贝，我开始感受到你的胎动了，开始是微微的感觉，就像小鱼吐泡泡一样，第一次感受到你的胎动，你知道妈妈有多么开心吗？我知道你现在喜欢妈妈抚摸你，更喜欢妈妈跟你讲话，好吧，那我们就来一起读这美丽的《诗经》吧！

孕五月

盎然

溱洧

溱(zhēn)与洧(wěi)，方涣涣兮。	溱河洧河长又长，浩浩荡荡向远方。
士与女，方秉蕑(jiān)兮。	男男女女同春游，手持兰草求吉祥。
女曰：“观乎？”	姑娘说：“咱们去看看？”
士曰：“既且(cú)。”	男子说：“已经看过了。”
“且往观乎！”	“再去看看又何妨！”
洧之外，洵訏(xū)且乐。	洧水那边河岸旁，地方热闹又宽敞。
维士与女，伊其相谑(xù)，	男女结伴一起逛，相互调笑心花放，
赠之以勺药。	一朵芍药赠姑娘。

扫一扫 听诗经

溱与洧，浏其清矣。	溱河洧河长又长，阳春三月水清亮。
士与女，殷其盈兮。	男男女女同郊游，游人如织闹攘攘。
女曰：“观乎？”	姑娘说：“咱们去看看？”
士曰：“既且。”	男子说：“已经看过了。”
“且往观乎！”	“再去看看又何妨！”
洧之外，洵訏且乐。	洧水对岸好地方，地方热闹又宽敞。
维士与女，伊其将(xiāng)谑，	男女结伴一起逛，相互嬉笑心花放，
赠之以勺药。	一朵芍药赠姑娘。

诗中的画

冰河解冻，春意盎然，男男女女春日郊游。人们同去河水中，洗去宿垢，祛除污秽，大处人潮汹涌，人声鼎沸。小处一对男女结伴同行，呢喃私语，互赠礼物。

妈妈的话

亲爱的宝宝，你已经在妈妈肚子里安居几个月了。阳光暖暖，日子缓缓，看着肚子一天天地鼓起来，抚摸着你一天天地茁壮成长，妈妈的心情好惬意。你就是上天给予妈妈最珍贵的礼物。希望你无病无灾，健康成长。

狡童

扫一扫 听诗经

彼狡童兮，不与我言兮。　那个调皮小子，不与我说话了。
维子之故，使我不能餐兮。　因为你的缘故，害我吃不下饭。

彼狡童兮，不与我食兮。　那个顽劣小子，不与我共餐了。
维子之故，使我不能息兮。　就为你的缘故，害我睡不安好。

诗中的画

一对小情人情感生波，男子不理不睬，女子食不甘味，寝不安息，却又一往情深。独自一人在家中坐立不安，失落之情无以言表。

妈妈的话

亲爱的宝宝，不知道你会不会是个淘气的小家伙，我也不知道，以后你淘气的时候，我能不能控制好情绪，但是我会努力的，你也要听话一点哦！

将仲子

将(qiāng)仲子兮，	仲子哥啊听我讲，
无逾(wù yú)我里，无折我树杞(qǐ)。	不要翻过里外墙，莫把杞树来折伤。
岂敢爱之？畏我父母。	岂是不舍那杞树？实是害怕我爹娘。
仲可怀也，父母之言，	仲子哥啊真想你，可是父母要责骂，
亦可畏也。	你该知道多可怕。
将仲子兮，	仲子哥啊听我讲，
无逾我墙，无折我树桑(sāng)。	不要翻过我家墙，不要攀折边上桑。
岂敢爱之？畏我诸兄。	岂是不舍那桑树？实是害怕我兄长。
仲可怀也，诸兄之言，	仲子哥啊真想你，可是兄长要责骂，
亦可畏也。	这事让我也害怕。
将仲子兮，	仲子哥啊听我讲，
无逾我园，无折我树檀。	不要翻过后园墙，莫让檀树枝干伤。
岂敢爱之？畏人之多言。	岂是不舍那檀树？实是害怕众人讲。
仲可怀也，人之多言，	仲子哥啊真想你，可是众人多议论，
亦可畏也。	你该知道多可怕。

扫一扫 听诗经

诗中的画

一对相爱男女相隔院墙内外，男子想要攀树翻墙入内。女子担心父母责骂，人言可畏而劝阻，又担心男子误解而向他解释。两人隔墙私语，有心无力。唯有寄语互诉衷肠。

妈妈的话

院墙能隔断男女的相见，但阻隔不了男女的相爱。而我的宝宝，妈妈怀你之初，我们的血脉就已经相连在一起。妈妈和你母子连心，这份爱是任何事物都无法阻隔的！

伐柯

伐柯如何？匪斧不克。	如何才能做斧柄？没有斧头可不能。
取妻如何？匪媒不得。	如何才能娶妻子？没有媒人娶不成。
伐柯伐柯，其则不远。	做斧柄啊做斧柄，规格法则还挺近。
我觏(gòu)之子，笾(biān)豆有践。	我要娶的那姑娘，摆设盛宴齐来迎。

扫一扫 听诗经

诗中的画

新婚宴席，高朋满座。男子敬媒人为上宾，感谢媒人成全婚事，举杯相敬，并以歌答谢。

妈妈的话

妈妈要感谢很多人，也要感谢你来到我的身边，妈妈希望你以后也能心怀感恩，拥抱世界。

君子于役

扫一扫 听诗经

君子于役，不知其期，	丈夫服役到远方，不知何时能归乡，
曷(hé)至哉?	此刻他已到何处？
鸡栖(qī)于埘(shí)，日之夕矣，	鸡们纷纷回鸡窝，日落黄昏天色晚，
羊牛下来。	羊群牛群下山坡。
君子于役，如之何勿思!	丈夫服役到远方，叫我如何不想他！
君子于役，不日不月，	丈夫服役到远方，离开日月难估量，
曷其有(yòu)佸(huó)?	几时才能聚一堂？
鸡栖于桀(jié)，日之夕矣，	鸡们纷纷上木桩，日落黄昏天色晚，
羊牛下括(huó)。	牛羊下山进围栏。
君子于役，苟无饥渴。	丈夫服役到远方，愿他温饱又平安。

诗中的画

战火纷飞的时代，日落黄昏，牛羊下山，鸡群回窝。此情此景，忧伤孤寂的妻子倍加思念远方服役的丈夫。思绪浓处，她不由有些担心，他不会忍饥挨饿吧。手捧着饭碗却不能下咽。

妈妈的话

亲爱的宝宝，妈妈爱你，爸爸也爱你。妈妈和爸爸的世界，只有等你降生了，才是完整的。爸爸妈妈时时刻刻都想念着你！

采绿

扫一扫 听诗经

终朝(zhāo)采绿，不盈一匊(jū)。 整个早上采荩草，可是一捧还不到。
予发曲局，薄言归沐。 我的头发乱糟糟，赶紧回家梳洗好。

终朝采蓝，不盈一襜(chān)。 整个早上采蓼蓝，一兜围裙没装满。
五日为期，六日不詹。 说好五日为归期，结果六日未回还。

之子于狩，言韔(chàng)其弓。 夫君外出去狩猎，我将弓袋装满箭。
之子于钓，言纶之绳。 夫君外出去垂钓，我就为他理钓线。

其钓维何，维鲂(fáng)及鱮(xù)。 夫君钓得什么鱼，钓得鳊鱼和鲢鱼。
维鲂及鱮，薄言观者。 钓得鳊鱼和鲢鱼，竟然钓了这么多。

诗中的画

久候丈夫不归，妇人独自坐在门槛上等待，思念插上翅膀，展开丰富想象：夫君狩猎，我装弓箭；夫君垂钓，我理钓线；夫君真厉害，钓了好多鱼。

妈妈的话

亲爱的宝宝，你知道吗？你的爸爸在妈妈的提醒下，现在每天都会把手放在妈妈的肚子上，感受你的胎动和你说话。他还为你祝福呢，你感觉到了吗？

缁衣

缁(zī)衣之宜兮，敝，予又改为兮。　穿上黑色官服真合身，你穿破了我再做一身。
适子之馆兮，还，予授子之粲(càn)兮。　穿着它去官衙办公吧，回来我给你一顿美餐。

缁衣之好兮，敝，予又改造兮。　穿上黑色官服真好看，你穿破了我再做一套。
适子之馆兮，还，予授子之粲兮。　穿着它去官衙办事吧，回来我就让你吃个饱。

缁衣之席兮，敝，予又改作兮。　穿上黑色官服真宽松，你穿破了我再改一番。
适子之馆兮，还，予授子之粲兮。　穿着它去官衙执事吧，回来我就让你吃个够。

扫一扫 听诗经

诗中的画

看着丈夫身穿官服，妻子觉得合身，好看！心中暗许，这一生为你织补，这一生只为你做衣。

妈妈的话

亲爱的宝宝，妈妈已经穿起孕妈妈装了。时间过得好快啊，不知不觉，孕期已经过半，我们就快相见了。妈妈也开始为你准备新衣了哦！

孕六月

传 音

宝贝，你最近开始调皮了哦，妈妈经常能感受到你伸胳膊、踢腿、翻跟头、转身。越来越真实地感受你的存在，让爸爸、妈妈的喜悦更增进了一层。你的五官日渐清晰，妈妈开始想象你的样子，会像我呢，还是会像爸爸呢？

鹤鸣

扫一扫 听诗经

鹤鸣于九皋（gāo），声闻于野。	曲折沼泽白鹤鸣叫，声音远传广阔野郊。
鱼潜在渊，或在于渚（zhǔ）。	鱼儿时而潜藏深水，时而嬉戏洲边浅沼。
乐彼之园（yuán），爰有树檀（tán），	喜爱那处幽静园林，园林檀树高大繁茂，
其下维萚（tuò）。	秋日叶落满地金黄。
他山之石，可以为错。	那里山上石头坚硬，可以作为磨玉石错。
鹤鸣于九皋，声闻于天。	曲折沼泽白鹤鸣叫，声音远传响彻云霄。
鱼在于渚，或潜在渊。	鱼儿时而浅水嬉戏，时而潜入深水隐藏。
乐彼之园，爰有树檀，	喜爱那处幽静园林，园林檀树高大繁茂，
其下维榖。	下面楮树又矮又小。
他山之石，可以攻玉。	那里山上石头坚硬，可以将那玉石来雕。

诗中的画

广袤原野，鹤鸣九霄。
深渊有鱼，嬉戏浅水。
幽静园林，树木繁茂。
满园檀树，叶落金黄。
远山坚石，可以攻玉。

妈妈的话

亲爱的宝宝，你看这个世界多么美妙啊！天空有白鹤长鸣，水中有鱼儿嬉戏。檀树在秋天叶落，满地都是金灿灿的。这一切，都等着你以后去亲身体验呢。

芣苢

扫一扫 听诗经

采采芣(fú)苢(yǐ)，薄言采之。　　车前子采呀采呀，快点把它采回来。
采采芣苢，薄言有之。　　车前子采呀采呀，快点把它摘下来。

采采芣苢，薄言掇(duō)之。　　车前子采呀采呀，快点把它捡起来。
采采芣苢，薄言捋(luō)之。　　车前子采呀采呀，快点把它捋下来。

采采芣苢，薄言袺(jié)之。　　车前子采呀采呀，快点把它兜起来。
采采芣苢，薄言襭(xié)之。　　车前子采呀采呀，快点把它装回来。

诗中的画

阳光明媚日子，一群农家女子，欢快采集车前子。

她们一起边歌唱、边劳作，整齐的动作，熟练的技巧，一片欢声笑语的场面。

妈妈的话

亲爱的宝宝，你能听到妈妈的声音了，妈妈想唱一首欢快的儿歌给你听：采呀采呀采车前子，快点把它采起来。采呀采呀采车前子，快点把它采下来。采呀采呀采车前子，快点把它装起来。

采蘩

扫一扫 听诗经

于以采蘩(fán)？于沼于沚(zhǐ)。	欲采白蒿在何方？在沼池或在水塘。
于以用之？公侯之事。	何处可以用到它？公侯之家养蚕忙。
于以采蘩？于涧之中。	要采白蒿去何方？在山谷或溪流旁。
于以用之？公侯之宫。	采来能够做啥用？送入公侯养蚕房。
被(bì)之僮(tóng)僮，夙夜在公。	早上发髻整洁亮，早晚不休日夜忙。
被之祁(qí)祁，薄言还归。	晚上发髻散乱脏，事毕回家急慌慌。

诗中的画

清晨，女子梳妆整齐出门；白日，女子奔走沼池、水塘、山谷采蘩；在公侯家中养蚕。夜晚，女子事毕回家，发髻已散乱，归心似箭，小巷深处，月色朦胧，孤身女子，行色匆匆。

妈妈的话

亲爱的宝宝，妈妈忙碌了一天，现在有些疲乏了呢。为了你健健康康地出生，妈妈要让自己的身体保持健康。所以，妈妈今天要休息得早一点，你也要好好休息哦。

十亩之间

扫一扫 听诗经

十亩之间兮，桑者闲闲兮。
行，与子还兮！

十亩之内桑树间，采桑姑娘已清闲。
走吧，咱们一道把家还！

十亩之外兮，桑者泄（yì）泄兮。
行，与子逝兮！

十亩之外桑林林，采桑姑娘结成群。
走吧，咱们回村一同行！

诗中的画

在一片桑树林间的小路上，忙碌了一天的采桑姑娘们，三五成群，嘴里哼着歌儿，悠闲把家还。只见她们有说有笑，携手同行。今天她们满载而归，背上的竹筐里装满了桑叶。

妈妈的话

亲爱的宝宝，妈妈来给你哼首儿歌：找呀找呀找朋友，找到一个好朋友。敬个礼，握握手，你是我的好朋友。亲爱的宝宝，你是妈妈的好朋友吗？

河广

谁谓河广，一苇杭之。　谁说黄河水太宽阔？一条苇筏就能渡过。

谁谓宋远，跂(qǐ)予望之。　谁说宋国如此遥远？踮起脚尖就能望见。

谁谓河广，曾不容刀。　谁说黄河之水太宽？尚且不能容下小船。

谁谓宋远，曾不崇朝(zhāo)。　谁说宋国如此遥远？一个早上就到对岸。

扫一扫 听诗经

诗中的画

诗人隔河遥望宋国。河水那么宽广，在他眼里，一苇可渡。宋国那么遥远，在他心里，一早就到了。距离永远无法阻隔思念。

妈妈的话

亲爱的宝宝，妈妈在记录你的怀孕日历上，已经圈了很多天。再翻四页，就能见到你了。

只是薄薄的几页纸，留下了多少让人激动又感动的瞬间啊！等以后你长大了，妈妈要细细讲给你听。

菁菁者莪

扫一扫 听诗经

菁(jīng)菁者莪(é),在彼中阿。	繁盛茂密的萝蒿，长在山陵的中央。
既见君子,乐且有仪。	已经见到那君子，快乐而且有礼仪。
菁菁者莪,在彼中沚。	繁盛茂密的萝蒿，长在水中沙洲上。
既见君子,我心则喜。	已经见到那君子，我的心中喜气洋。
菁菁者莪,在彼中陵。	繁盛茂密的萝蒿，长在不平的丘陵。
既见君子,锡(cì)我百朋。	已经见到那君子，胜过赠我千百金。
泛泛杨舟,载沉载浮。	荡漾水面杨木舟，或起或伏随波流。
既见君子,我心则休。	已经见到那君子，我心欢喜再无忧。

诗中的画

萝蒿繁茂的地方，泛舟水面，女子见到心仪君子，内心满是欢喜。

任由小舟随波逐流，只顾着对着远处的心上人放声吟唱，没有什么事能够影响她此刻的欢愉。

妈妈的话

亲爱的宝宝，今天你又在妈妈的肚子里踢打了好长时间。妈妈感受着你的小手小脚，在妈妈的大肚子里一动一动，满心喜悦。这是你与妈妈的一种沟通方式吗？妈妈所有的忧虑都随之消散了。

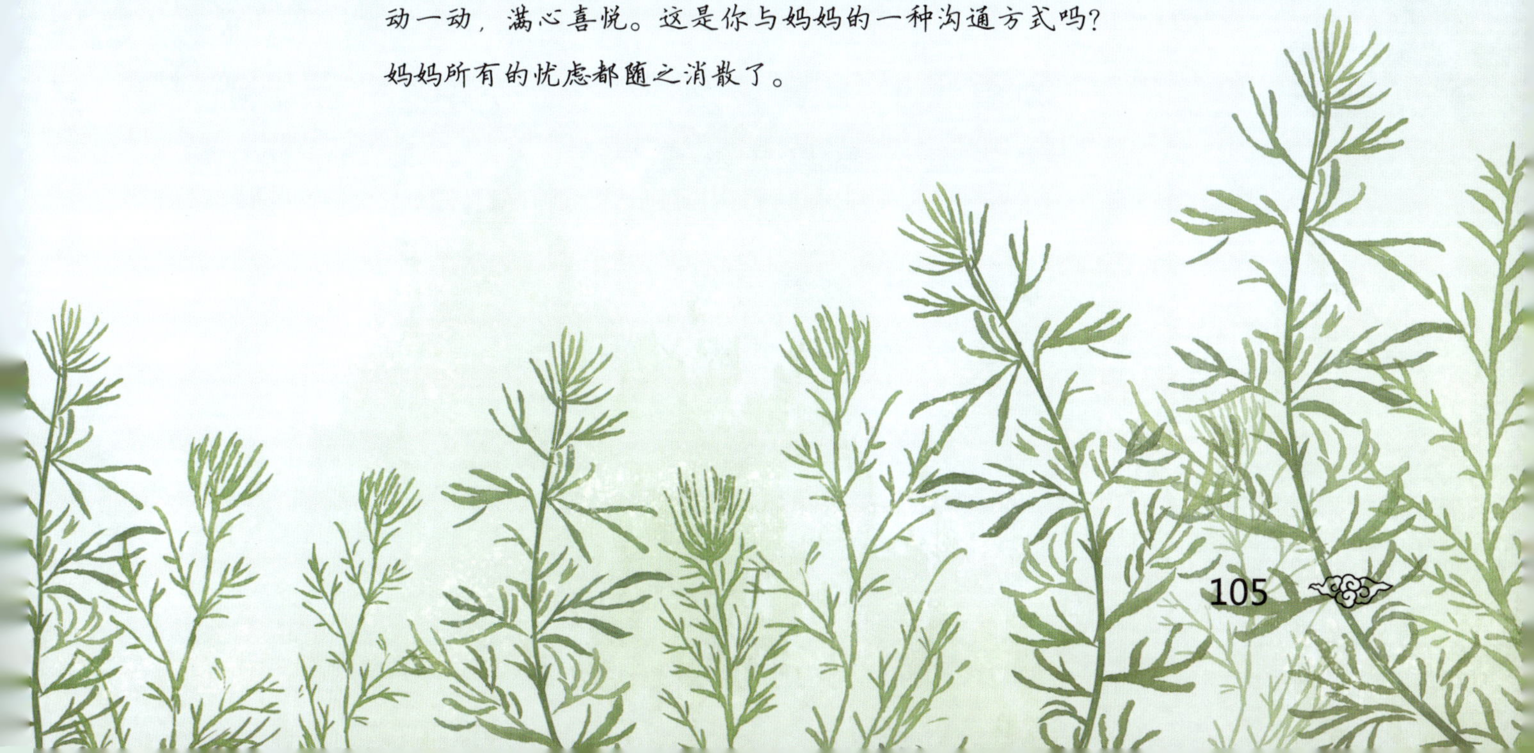

南有嘉鱼

扫一扫 听诗经

南有嘉鱼，烝(zhēng)然罩罩。　南方好鱼美，水中摇摆尾。
君子有酒，嘉宾式燕以乐。　主人有好酒，宴饮频举杯。

南有嘉鱼，烝然汕(shàn)汕。　南方有好鱼，群鱼水中嬉。
君子有酒，嘉宾式燕以衎(kàn)。　主人有好酒，宴饮乐融融。

南有樛(jiū)木，甘瓠(hù)累(léi)之。　南方有樛木，满枝挂葫芦。
君子有酒，嘉宾式燕绥(suí)之。　主人有好酒，宴饮心舒服。

翩翩者鵻(zhuī)，烝然来思。　鹁鸪展翅翔，成群落树上。
君子有酒，嘉宾式燕又思。　主人有好酒，宴饮劝满觞。

诗中的画

南方好鱼多鲜美，主人鱼酒宴嘉宾。将尾尾鲜活的鱼做成美味端上来。

鹁鸪成群落树上，嘉宾主人共饮欢。大家一起品尝美食和美酒，场面欢庆盛大。

妈妈的话

亲爱的宝宝，你现在，就是家里的话题中心啊。每次聊起你，大家都很开心。你还没出生，就给很多人带来欢乐。所有人都为你带来了祝福，宝宝，你真棒！

宝贝，妈妈现在已经是一副大腹便便的样子了哦，最近经常感觉到很累，但是妈妈想到我们见面的时间越来越近了，什么辛苦都值得了，这个月，你在加快成长，妈妈要做的就是好好吃饭好好睡觉，为你提供足够的能量。

孕七月

传话

萚兮

扫一扫 听诗经

tuò
萚兮萚兮，风其吹女。 落叶落叶往下掉，风儿吹得轻轻飘。
叔兮伯兮，倡予和女。 对面欢快小伙们，我先唱来你和调。

萚兮萚兮，风其漂女。 落叶落叶落下来，风儿吹得飘荡荡。
yāo
叔兮伯兮，倡予要女。 对面欢快小伙们，我们相约一起唱。

诗中的画

参天大树下，微风轻轻吹过，落叶纷纷飘落下来，仿佛是一场绿色的雨，树下男女欢歌曼舞，女人领唱男人相和。欢笑声歌唱声此起彼伏。

妈妈的话

亲爱的宝宝，妈妈给你唱首欢快的儿童歌曲：“让我们荡起双桨，小船儿推开波浪。海面倒映着美丽的白塔，四周环绕着绿树红墙。小船儿轻轻飘荡在水中，迎面吹来了凉爽的风。”

宝宝，这可是妈妈小时候经常唱的歌曲哦！

山有扶苏

扫一扫 听诗经

山有扶苏，隰(xí)有荷华。　山上扶苏叶茂发，泽地里盛放莲花。
不见子都，乃见狂且(jū)。　未见子都美男子，遇见疯癫大傻瓜。

山有桥松，隰有游龙。　山上松树干挺拔，马蓼湿地开红花。
不见子充，乃见狡童。　未见子充真君子，却见狂骄小刁滑。

诗中的画

山树叶茂，池里花开，男女相会。女子戏谑男子，本想找个美男真君子，却结识他这个坏坏的大傻瓜。虽然嘴上这么说，她却不由自主地靠在男子身旁，依偎着。

妈妈的话

亲爱的宝宝，妈妈现在很喜欢触摸鼓起的肚子。每当触摸到充满生命力的你，内心总是充满无限温柔，想象你的各种美好未来。未来的你，会是让人喜欢的美男子，还是讨人喜欢的美少女呢？

还

子之还（xuán）兮，遭我乎狃（náo）之间兮。
并驱从两肩兮，揖我谓我儇（xuān）兮。

对面猎手身手矫健，与我相逢狃山山谷。
并驾追赶两头野猪，拱手夸我身手敏捷。

子之茂兮，遭我乎狃之道兮。
并驱从两牡兮，揖我谓我好兮。

对面猎手骑射精湛，与我相逢狃山山道。
并驾追赶两头雄兽，拱手夸我技艺不凡。

子之昌兮，遭我乎狃之阳兮。
并驱从两狼兮，揖我谓我臧（zāng）兮。

对面猎手英姿勃发，与我相逢狃山南坡。
并驾追赶两头野狼，拱手夸我猎术超群。

扫一扫 听诗经

诗中的画

两位猎手相逢猱山，在崎岖的山路上驾车追赶野兽。追逐过程中，英雄惜英雄，好汉敬好汉，你夸我英武了得，我夸你技艺非凡。两人抱拳拱手，互相赞许。

妈妈的话

亲爱的宝宝，英雄是很受人尊重的，因为英雄又勇敢，又有力量。你看野兽那么凶猛，也要被英雄捕获。而我的宝宝，只要你能勇敢踏出人生的每一步，你就是妈妈心中的大英雄。妈妈一定会在你身边支持你，鼓励你！

瓠叶

扫一扫 听诗经

幡(fān)幡瓠(hù)叶，采之亨(pēng)之。　风吹瓠叶葫芦香，采来做菜煮羹汤。

君子有酒，酌言尝之。　君子已把美酒上，斟满酒杯请客尝。

有兔斯首，炮(páo)之燔(fán)之。　猎得野兔鲜又嫩，涂泥去毛火上焖。

君子有酒，酌言献之。　君子早将美酒分，斟满酒杯献宾朋。

有兔斯首，燔之炙之。　猎得野兔鲜又嫩，叉肉火烤香喷喷。

君子有酒，酌言酢(zuò)之。　君子早把美酒存，宾客举杯敬主人。

有兔斯首，燔之炮之。　猎得野兔肉鲜美，火上烤炙成美味。

君子有酒，酌言酬之。　君子美酒充足备，宾客互敬共举杯。

诗中的画

主人酬宾，瓠叶为汤，野兔为菜。菜肴虽简，情谊却真，宾主互敬，气氛融洽，情谊浓烈。

酒席桌中央堆起了柴火，厨师正在烤制着美味的野兔，火光将每个人的脸都映衬得红润了。

妈妈的话

亲爱的宝宝，友谊是你未来生命中非常重要的东西。当你有了友谊，即使遭遇严寒时刻，友谊也会给你温暖的力量。朋友是生命中一份宝贵的财产哦，我的宝宝，你听见了吗？

干旄

扫一扫 听诗经

孑(jié)孑干旄(máo)，在浚(xùn)之郊。	牛尾大旗高高飘，人马来到浚外郊。
素丝纰(pí)之，良马四之。	素丝束条理分明，良马四匹赠才俊。
彼姝(shū)者子，何以畀(bì)之？	那位忠顺贤良士，你用什么给回应？
孑孑干旟(yú)，在浚之都。	雄鹰大旗高高飘，人马来到浚邑郊。
素丝组之，良马五之。	捆捆层层堆积好，良马五匹赠英豪。
彼姝者子，何以予之？	那位忠顺贤良士，你用什么来回报？
孑孑干旌(jīng)，在浚之城。	鸟羽大旗高高飘，人马来到浚城内。
素丝祝之，良马六之。	素丝层层捆成堆，良马六匹赠予谁。
彼姝者子，何以告之？	那位忠顺贤良士，有何良策予以回？

诗中的画

浚邑城下竖起了高高的招贤大旗，浩浩荡荡的招贤队伍，备着厚重招贤礼品，使者高举榜文大声宣读着君王求贤若渴的募令。同时也向那位闻名遐迩的贤士发出了邀请。

妈妈的话

宝宝，你看那位有才能的人，是多么受人敬重啊。为了请他做事，去了那么多人，带了那么多的礼物。妈妈希望，你在成长过程中，能够好好学习，天天向上，成为拥有杰出才能的人，受人尊敬的人。

卢 令

扫一扫 听诗经

卢令令，　　猎犬颈环铃铃响，
其人美且仁。　　那人俊美又温良。

卢重环，　　黑犬颈上子母环，
其人美且鬈(quán)。　　那人俊美长发卷。

卢重鋂(méi)，　　黑犬颈环套两环，
其人美且偲(cāi)。　　那人俊美又多才。

诗中的画

诗人行走路上，耳中传来响铃声。他抬眼望去，看见一位俊美勇武的猎人牵着雄壮的猎犬，英姿飒爽，心底发出由衷赞叹。

妈妈的话

亲爱的宝宝，能够赢得他人由衷赞叹的人，都是具有过人之处的。而每一项过人之处，需要日积月累的付出和锤炼。妈妈虽然不希望你受苦，但妈妈更希望你能通过千锤百炼，赢得一身真本事，妈妈会非常欣慰的。

君子阳阳

扫一扫 听诗经

君子阳阳，左执簧，	我的夫君喜洋洋，左手拿着竹笙簧，
右招我由房。	右手招我跳由房。
其乐只且(jū)！	其乐融融心花放！
君子陶陶，左执翿(dào)，	我的夫君乐陶陶，左手拿着羽翿摇，
右招我由敖。	右手招我跳由敖。
其乐只且！	其乐融融兴致高！

诗中的画

一位男子在家中即兴起舞。他边舞蹈边吹奏，边召唤妻子给他伴舞和鸣。夫唱妇随，欢乐无比。

妈妈的话

亲爱的宝宝，在妈妈的感染下，你的爸爸每天都很喜欢和你说话呢。看着你的爸爸一本正经和你说话的样子，妈妈心里又好笑，又为一家人的其乐融融而高兴。

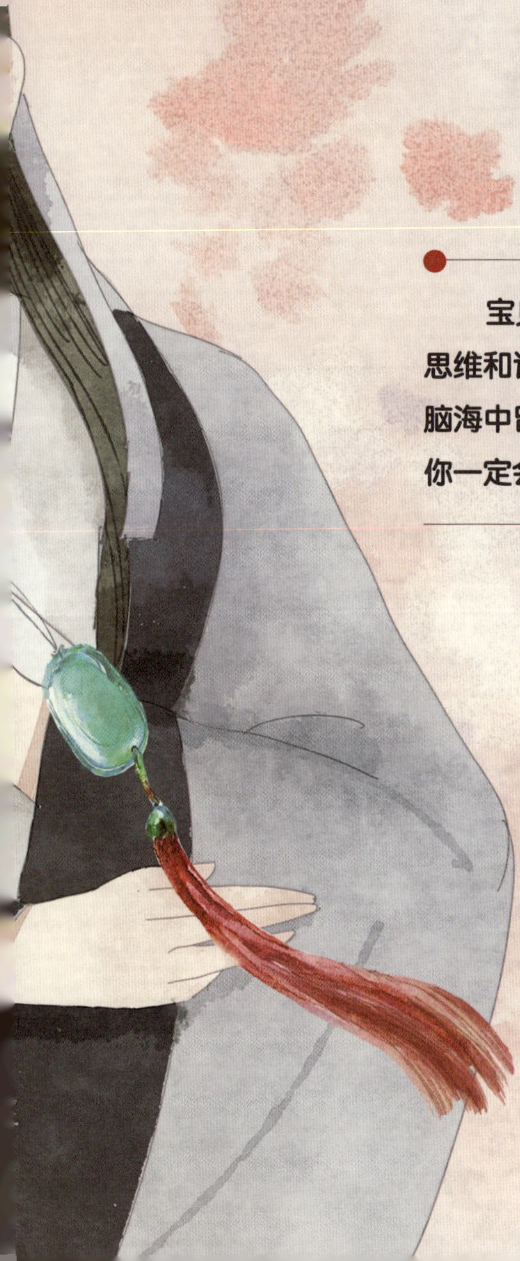

宝贝，这个月是你大脑发育的高峰期，你开始有思维和记忆了，不知道妈妈的声音，是否已经在你的脑海中留下了印象，很期待我们见面的那一天，我想你一定会一下就认出妈妈的声音。

孕八月

传 心

鹿鸣

呦(yōu)呦鹿鸣，食野之苹。	野鹿发出呦呦叫，呼唤同伴食苹草。
我有嘉宾，鼓瑟吹笙(shēng)。	我设宴席款嘉宾，鼓瑟吹笙宾主笑。
吹笙鼓簧，承筐是将。	吹奏笙管鼓笙簧，捧上礼物满竹筐。
人之好我，示我周行(háng)。	嘉宾对我怀善意，向我谏言行事道。
呦呦鹿鸣，食野之蒿。	野鹿发出呦呦叫，呼唤同伴食野蒿。
我有嘉宾，德音孔昭。	我设宴席款嘉宾，明晓事理品行高。
视民不恌(tiāo)，君子是则是效。	为人忠厚不轻佻，确是君子需仿效。
我有旨酒，嘉宾式燕以敖。	醇香美酒已备好，嘉宾畅饮乐陶陶。
呦呦鹿鸣，食野之芩(qín)。	野鹿发出呦呦声，呼唤同伴食野芩。
我有嘉宾，鼓瑟鼓琴。	我设宴席待嘉宾，为他鼓瑟又鼓琴。
鼓瑟鼓琴，和乐且湛(dān)。	琴瑟悠扬又合鸣，怡然自得座上宾。
我有旨酒，以燕乐嘉宾之心。	我已备好醇美酒，欢乐时光以助兴。

扫一扫 听诗经

诗中的画

空旷原野，一群野鹿悠然吃草，不时发出呦呦悦耳的鸣叫。

热闹宴席，主人嘉宾觥筹交错，琴瑟和鸣以助融洽之乐。还有几只小鹿跑到酒席周边，好奇地看着……

妈妈的话

野鹿通过鸣叫分享吃草的愉悦，人们通过宴会分享同饮的欢畅。分享是一种让所有人都快乐的事呢！亲爱的宝宝，你在妈妈肚子里动个不停，是想和妈妈分享你的兴奋和欢乐吗？

羔裘

扫一扫 听诗经

羔裘(qiú)如濡，洵直且侯。	穿着光泽羔皮袄，为人正直且美好。
彼其之子，舍命不渝。	你看这样一个人，操守不变品行高。
羔裘豹饰，孔武有力。	身穿豹饰羔皮袄，勇武有力是英豪。
彼其之子，邦之司直。	你看这样一个人，国家司直做得好。
羔裘晏兮，三英粲(càn)兮。	羔裘耀光真鲜艳，素丝装饰更灿烂。
彼其之子，邦之彦(yàn)兮。	你看这样一个人，国家杰出的人选。

诗中的画

身穿羔裘的司直，人品端正，勇武有力，闪耀光芒，他是国家不可多得的俊彦。

行走在大路上，周边的人们都停下脚步，投来尊重敬仰的眼神，暗暗地夸赞着。

妈妈的话

亲爱的宝宝，知道妈妈在想什么吗？妈妈在想象着未来的你，有正直的人品，健康的身体，智慧的头脑。所有人都非常喜欢你，欣赏你。妈妈很想享受这种感受。宝宝，你理解妈妈的期盼吗？

无衣

（国风·秦风）

扫一扫 听诗经

岂曰无衣？与子同袍。
王于兴师，修我戈矛，
与子同仇！

谁说没有衣服穿？我与你同披战袍。
君王兴兵要征讨，修整好我们戈矛，
我与你同仇敌忾！

岂曰无衣？与子同泽。
王于兴师，修我矛戟，
与子偕作！

谁说我们没衣裳？我与你共穿内衣。
君王征讨战争起，修整好我们矛戟，
你我协同共退敌！

岂曰无衣？与子同裳。
王于兴师，修我甲兵，
与子偕行！

谁说我们没衣襟？我和你同穿战裙。
君王征讨将起兵，修整好我们铠甲，
我与你一路同行！

诗中的画

大敌当前，英勇的战士们同穿长衣，唱着同仇敌忾的战歌。他们慷慨激昂，枕戈以待，齐向前线。面对敌人，互相鼓舞，虽然满身血污，但是依然携手并肩，生死与共！

妈妈的话

亲爱的宝宝，你知道吗？有一种关系叫“母子连心”，有一种感情叫“母子情深”，有一种感受叫“感同身受”。你的幸福就是妈妈的幸福，你的欢乐就是妈妈的欢乐。所有的困难我们共同面对。

白驹

扫一扫 听诗经

皎皎白驹，食我场苗。	一匹皎洁小白马，吃我园中嫩豆苗。
絷(zhí)之维之，以永今朝。	拴好缰绳绊住脚，以便永留若今朝。
所谓伊人，于焉逍遥？	传说中的圣贤人，今在此处尽逍遥。
皎皎白驹，食我场藿。	一匹皎洁小白马，吃我园中嫩豆叶。
絷之维之，以永今夕。	拴好缰绳绊住脚，以便永留若今夕。
所谓伊人，于焉嘉客？	传说中的圣贤人，今在此处做嘉宾。
皎皎白驹，贲(bēn)然来思。	一匹皎洁小白马，四蹄生风到我家。
尔公尔侯，逸豫无期。	为公为侯身高雅，安逸享乐不回家。
慎尔优游，勉尔遁思。	悠游自在需谨慎，莫为避世空闲暇。
皎皎白驹，在彼空谷。	一匹皎洁小白马，空旷山谷作别处。
生刍(chú)一束，其人如玉。	一束青草为饲料，那人如玉美无瑕。
毋金玉尔音，而有遐(xiá)心。	别后勿忘回信捎，勿要疏远不知交。

诗中的画

主人拴住客人骑的白马，希望把客人留住，但客人还是要远遁而去。主人只好希望客人常来音讯，交情长存。临别之时再替白马喂草，依依不舍地留恋好友。

妈妈的话

亲爱的宝宝，有一天，你会长大成人的。也许，你会走到很远很远的地方。有一句话叫“儿行千里母担忧”，希望你能懂得妈妈的牵挂，无论走到哪里，也要常给妈妈报个音讯。

渭阳

扫一扫 听诗经

我送舅氏，曰至渭阳。	我送舅舅回舅家，渭河北岸将作别。
何以赠之？路车乘黄。	什么礼物送给他？诸侯车架四黄马。
我送舅氏，悠悠我思。	我送舅舅回舅家，悠悠思念挥不去。
何以赠之？琼瑰玉佩。	什么礼物送给他？难得玉佩美无瑕。

诗中的画

渭河北岸，外甥依依送别舅舅。临别之际，见舅思母，浓浓思念难以自禁，外甥赠送舅舅四马大车，精美玉佩。远远地目送马车离开。

妈妈的话

亲爱的宝宝，关心你的，不仅有妈妈、爸爸，还有爷爷、奶奶、外公、外婆，他们都是你生命中重要的亲人，你也要用心对待他们，真诚地爱他们哟。

葛覃

扫一扫 听诗经

葛之覃(tán)之，施(yì)于中谷， 葛藤蔓延如此绵长，漫漫不绝遍布谷中，
维叶萋(qī)萋。 青青藤叶一望无尽。
黄鸟于飞，集于灌木， 美丽黄鸟翩翩飞翔，成群降落灌木之上，
其鸣喈(jiē)喈。 声声鸣叫婉转悠扬。

葛之覃兮，施于中谷， 葛藤长枝如此绵长，蔓延不绝漫山遍谷，
维叶莫莫。 葱葱藤叶茂密舒张。
是刈(yì)是濩(huò)，为絺(chī)为绤(xì)， 收割回来煮上一煮，细布粗布织成新装，
服之无斁(yì)。 百试不厌穿在身上。

言告师氏，言告言归。 于是告诉我的女师，我要告假回家探亲。
薄污我私，薄浣(huàn)我衣。 先将我的内衣洗净，再把我的外衣整理。
害(hé)浣害否，归宁父母。 不管行装洗与不洗，重在回家探望父母。

诗中的画

葛藤蔓延幽静山谷，声声鸟鸣宛转悠扬。女子收割葛藤，煮成葛布，织成葛衣。

女子整理清洗好自己的行装，即将回娘家探望父母了。一边织布一边发呆，想念着许久未见的父母亲，眼眶早已湿润了。

妈妈的话

宝宝你看，这位即将回家探亲的女子多么开心啊。这就是亲情的力量，爸爸妈妈永远关心、爱护你。等你有一天长大了，无论走多远，也要常回家看看啊。

爸爸妈妈的家永远都是你的避风港。

伐木（节选）

伐木丁丁（zhēng），鸟鸣嘤嘤。	叮叮作响砍伐树木，鸟鸣嘤嘤此起彼伏。
出自幽谷，迁于乔木。	鸟儿本是来自幽谷，飞在高大树上居住。
嘤其鸣矣，求其友声。	鸟儿发出鸣叫悠长，呼朋唤友齐声歌唱。
相彼鸟矣，犹求友声。	你看鸟儿只是飞禽，尚有寻求朋友渴望。
矧（shěn）伊人矣，不求友生？	何况我们还是人类，怎能没有朋友来往？
神之听之，终和且平。	圣贤听到我这番话，实现人们和平理想。

扫一扫 听诗经

诗中的画

叮叮的伐木声中，高大树上的鸟儿嘤嘤鸣叫着，它们在呼朋唤友。鸟儿尚且渴望朋友，何况万物之灵的人类。人们仰首长叹，向天祈求和平，渴望圣明君主减少战争，过上安居乐业的生活。

妈妈的话

亲爱的宝宝，朋友是你生命中的重要财富。好朋友，会真心帮助你、鼓励你、支持你。对待朋友，也要怀着一颗真诚的心，才能交到真心的好朋友。要有感恩的心灵，要有分享的胸怀。

宝贝，还有一个多月，爸爸妈妈就要和你见面了，你有没有很期待呢，你在这个月末就要开始为出生做准备了，爸爸妈妈也在准备迎接你的到来。

孕九月

畅 想

淇奥

瞻彼淇(qí)奥(yù)，绿竹猗(yī)猗。	凝望那道淇水弯弯，绿竹葱郁映照两岸。
有匪君子，如切如磋，	那位君子文采斐然，仿佛象牙经过切磋，
如琢如磨。	仿佛美玉经过琢磨。
瑟兮僩(xiàn)兮，赫兮咺(xuān)兮。	那位君子庄严威武，心胸开阔光明磊落。
有匪君子，终不可谖(xuān)兮。	文采风流的君子啊，铭记心头永难忘怀。
瞻彼淇奥，绿竹青青。	凝望那道弯弯淇水，难忘那片青青绿竹。
有匪君子，充耳琇莹，	那位君子文采斐然，耳垂玉石晶莹明澈，
会弁(biàn)如星。	帽上玉石闪亮如星。
瑟兮僩兮，赫兮咺兮。	那位君子庄严威武，心胸开阔光明磊落。
有匪君子，终不可谖兮。	文采风流的君子啊，铭记心头永难忘怀。
瞻彼淇奥，绿竹如箦(zé)。	凝望那道弯弯淇水，那片绿竹茂盛如染。
有匪君子，如金如锡，	那位君子文采斐然，德行仿佛金锡精炼，
如圭如璧。	品质仿佛圭璧皎洁。
宽兮绰兮，猗重较兮。	宽厚旷达温文尔雅，登车凭倚气定神闲。
善戏谑(xuè)兮，不为虐兮。	谈吐幽默妙趣横生，粗野举止丝毫未见。

扫一扫 听诗经

诗中的画

淇水弯弯，绿竹片片，一位君子如切如磋，如琢如磨，如金如锡，如圭如璧。不仅才华出众，更是仪表堂堂，令人一见，难以忘怀。举手投足都充满魅力，言行举止都让人为之倾倒。

妈妈的话

亲爱的宝宝，许多美好的品质，都是磨砺出来的。不经历风雨，怎能见彩虹，就如那位君子，像是琢磨过的美玉，像是精炼出的金子。妈妈希望你在出生后，也能通过后天的磨砺，拥有高贵的品质。妈妈会为你自豪。

兔罝

扫一扫 听诗经

肃肃兔罝(jū)，椓(zhuó)之丁(zhēng)丁。　捕猎网眼繁密整齐，布网打桩声声回响。
赳赳武夫，公侯干城。　威武雄壮英姿武士，护卫公侯坚固城墙。

肃肃兔罝，施(yì)于中逵。　捕猎网眼繁密整齐，布置于交通要道上。
赳赳武夫，公侯好仇(qiú)。　那些威武雄壮武士，护卫公侯左右臂膀。

肃肃兔罝，施于中林。　捕猎网眼繁密整齐，布网打桩密林深处。
赳赳武夫，公侯腹心。　威武雄壮英姿武士，护卫公侯贴身心腹。

诗中的画

密林深处，交通路口，发出阵阵叮当声。一群威武雄壮的武士，正在丛林深处的小道交叉处布网打桩，一场紧张的狩猎就要开始了。公侯身边簇拥着高大雄壮的武士，前来检查！

妈妈的话

亲爱的宝宝，要想成功做好一件事，是需要事先做好准备的。你看一群英勇的武士，为了一次成功的狩猎，也要做好布网打桩的准备。妈妈已经做好了迎接你降生的所有准备啦，好紧张呀！

叔于田

扫一扫 听诗经

叔于田，巷无居人。	心爱男子打猎出门，巷子里面空荡无人。
岂无居人?	岂是真的没有住人？
不如叔也，洵美且仁。	只是没人与他相比，那么英俊那么慈仁。
叔于狩，巷无饮酒。	心爱男子外出狩猎，巷里好像无人饮酒。
岂无饮酒?	岂是真的没人饮酒？
不如叔也，洵美且好。	只是没人与他相比，那么英俊那么优秀。
叔适野，巷无服马。	心爱男子策马野外，巷内好像无人骑马。
岂无服马?	岂是真的没人骑马？
不如叔也，洵美且武。	只是没人与他相比，那么英俊那么高大。

诗中的画

心爱的男子打猎去了，少女心里空荡荡的，整个巷子里也是空荡荡的，其实巷子里依旧人来人往，只是心爱的人不在了。女子在巷口翘首期盼，完全忽略身边其他人的存在。

妈妈的话

亲爱的宝宝，还有一个月，妈妈就可以把你抱在怀里了。虽然怀着你会有十分独特的亲近感，妈妈也十分愿意让你分享妈妈的身体。但是能把你抱在怀里，妈妈才会更加满足。妈妈的眼中只有你，宝贝。

猗嗟

扫一扫 听诗经

猗(yī)嗟(jiē)昌兮，颀(qí)而长兮。　他是如此气宇轩昂，身材是如此的修长。
抑若扬兮，美目扬兮。　天庭饱满额头宽广，俊美双目神采飞扬。
巧趋跄(qiāng)兮，射则臧兮。　进退脚步矫健灵巧，百发百中箭法高强。

猗嗟名兮，美目清兮，　他是如此容貌堂堂，俊美双目清澈明亮，
仪既成兮。　准备仪式干净利落。
终日射侯，不出正兮，　整日射箭不曾休养，箭箭命中箭靶中央，
展我甥兮。　不愧是我的好外甥。

猗嗟娈(luán)兮，清扬婉兮。　他是如此英俊健壮，玉树临风眉目清扬。
舞则选兮，射则贯兮。　动作潇洒与众不同，箭无虚发力透靶心。
四矢反兮，以御乱兮。　四矢连发命中一处，抵御外患中坚力量。

诗中的画

演武场中，一位气宇轩昂的男子演绎射礼，只见他步伐矫健，姿势优美，张弓搭箭，百发百中，周边的观看者全部都聚焦在他身上，羡慕，敬佩不已。

妈妈的话

亲爱的宝宝，一个人的一身好本领，都是辛辛苦苦练出来的。正因为来之不易，才值得喝彩。妈妈期待在你未来的成长道路上，可以一直为你喝彩，为你自豪。

汾沮洳

扫一扫 听诗经

彼汾沮(jù)洳(rù)，言采其莫。　在那汾水低湿之旁，有位青年采莫菜忙。
彼其之子，美无度。　你看那位英俊青年，真是美得无法度量。
美无度，殊异乎公路。　真是美得无法度量，公路子弟远比不上。

彼汾一方，言采其桑。　在那汾水河岸之旁，有位青年忙着采桑。
彼其之子，美如英。　你看那位英俊青年，真是美得像花一样。
美如英，殊异乎公行(háng)。　真是美得像花一样，公行子弟远比不上。

彼汾一曲，言采其藚(xù)。　在那汾水弯曲之旁，有位青年采着泽泻。
彼其之子，美如玉。　你看那位英俊青年，真是美得像玉一样。
美如玉，殊异乎公族。　真是美得像玉一样，公族子弟远比不上。

诗中的画

青年水边劳作，在姑娘的眼里，青年太英俊了。美得像花像玉，美得无法度量。

姑娘看得出神不仅忘记了手中的工作，呆呆地看着眼前倾慕的对象。

妈妈的话

亲爱的宝宝，你知道为什么青年在姑娘的眼里，那么英俊吗？因为他在认真劳作，努力付出。天上不会掉馅饼的，每一份收获的背后，都有一份默默的付出。妈妈希望你以后，也会成为努力做事，认真做人的人。

有女同车

扫一扫 听诗经

有女同车，颜如舜华。	有位姑娘与我同车，娇艳容颜如花一样。
将翱将翔，佩玉琼琚(jū)。	体态轻盈似鸟飞翔，佩玉琼琚闪耀光芒。
彼美孟姜，洵美且都。	她就像那美女孟姜，美貌文雅举止大方。
有女同行，颜如舜英。	有位姑娘与我同行，娇艳容颜像花一样。
将翱将翔，佩玉将(qiāng)将。	体态轻盈似鸟飞翔，身姿婆娑佩玉锵锵。
彼美孟姜，德音不忘。	她就是那美女孟姜，美好声誉令人难忘。

诗中的画

男女同车同行，在男子眼中，女子不仅容颜娇艳，体态轻盈，更让他心动的是，女子内外兼修，文雅而德高。她的举手投足，音容笑貌都让男子为之倾倒，沿路的景色都顾不上看。眼中只有美丽的姑娘。

妈妈的话

亲爱的宝宝，你是妈妈心中最漂亮的宝宝。但相比容貌，才华人品对于一个人的影响，更加重要，也是可以通过后天修炼得来的。妈妈希望，在未来你不仅是才华横溢的人，更能成为人品端正的人。

宝贝，你已经足月了，随时可能来到这个世界，也许明天就是我们见面的日子，妈妈的心情很复杂，既有期待，又有对分娩的恐惧和不安，但是宝贝你放心，妈妈会勇敢的，你也要加油哦！

孕十月

幸福

桃夭

扫一扫 听诗经

桃之夭夭，灼(zhuó)灼其华。	芳华正茂的桃树啊，桃花鲜艳多么灿烂。
之子于归，宜其室家。	这位姑娘今日出嫁，夫家将会幸福美满。
桃之夭夭，有蕡(fén)其实。	芳华正茂的桃树啊，累累果实丰硕甘甜。
之子于归，宜其家室。	这位姑娘今日出嫁，夫家将会幸福美满。
桃之夭夭，其叶蓁(zhēn)蓁。	芳华正茂的桃树啊，翠绿叶子浓密招展。
之子于归，宜其家人。	这位姑娘今日出嫁，夫家将会幸福美满。

诗中的画

春光正美，桃花盛开，一位姑娘就要出嫁了。她的貌美如那明艳的桃花，她的婚姻生活，也会如那浓密的桃叶，是幸福美满的。粉红的桃花映衬着新娘，相映生辉，羡煞旁人。

妈妈的话

亲爱的宝宝，再过不了多久，妈妈就能与你见面了。妈妈会高高兴兴地迎接你的到来，因为，一个完整小家庭的幸福日子就要拉开帷幕了。不知道会有多少人羡慕我们呢！

鹊巢

扫一扫 听诗经

维鹊有巢，维鸠居之。　喜鹊筑好坚固鸟巢，八哥飞来安居为家。
之子于归，百两御之。　这位姑娘今日出嫁，百辆车子前来接她。

维鹊有巢，维鸠方之。　喜鹊筑好坚固鸟巢，八哥飞来共同居下。
之子于归，百两将之。　这位姑娘今日出嫁，百辆车子前来送她。

维鹊有巢，维鸠盈之。　喜鹊筑好坚固鸟巢，住满飞来八哥一家。
之子于归，百两成之。　这位姑娘今日出嫁，百辆车子前来贺她。

诗中的画

喜鹊筑巢，八哥安居。一位姑娘即将嫁入夫家，百辆车子迎接，场面热闹，欢庆喜人。路上人们叽叽喳喳，车上女子羞羞答答。

妈妈的话

大自然的动物们会筑巢安居，而我的宝宝，妈妈已经给你准备好了温馨的小窝，包括舒适的床，温暖的床垫，小小的枕头，还有软软的衣服，你喜欢吗?

樛木

南有樛(jiū)木，葛藟(lěi)系之。南方大树枝条弯垂，枝上缠绕长长葛藤。
乐只君子，福履绥之。那位快乐的君子啊，幸福安康与你相随。

南有樛木，葛藟荒之。南方大树枝条弯垂，枝上覆盖长长葛藤。
乐只君子，福履将之。那位快乐的君子啊，快乐喜庆与你相随。

南有樛木，葛藟萦之。南方大树枝条弯垂，枝上环绕长长葛藤。
乐只君子，福履成之。那位快乐的君子啊，美好成就与你相随。

扫一扫 听诗经

诗中的画

大树垂下枝条，枝上缠绕葛藤，仿佛福禄伴随。大树如君子，藤蔓如爱侣，两人在大树下缱绻，低声私语，此刻的幸福仿佛是上天赐予。

妈妈的话

亲爱的宝宝，自从妈妈怀了你，一种充盈的幸福感，就开始伴随着妈妈。现在，这种幸福，就要瓜熟蒂落了。妈妈会给你一个幸福之家，也愿意给你所有的幸福。

甘棠

蔽（fèi）芾甘棠，勿翦勿伐，
召（shào）伯所茇（bá）。

甘棠多么茂盛高大，不要剪它不要伐它，
召伯曾经露宿树下。

扫一扫 听诗经

蔽芾甘棠，勿翦勿败，
召伯所憩。

甘棠多么茂盛高大，不要剪它不要毁它，
召伯曾经憩息树下。

蔽芾甘棠，勿翦勿拜，
召伯所说（shuì）。

甘棠多么茂盛高大，不要剪它不要折它，
召伯曾经歇息树下。

诗中的画

一棵甘棠，高大茂盛。它为什么能长得高大茂盛呢？因为它是召伯停留过的地方。人们热爱召伯，召伯离开了，人们就像热爱召伯一样的珍惜爱护这棵甘棠。许多人围坐在树下睹物思人，一起谈笑歌颂回忆着召伯南巡时的政绩。

妈妈的话

亲爱的宝宝，妈妈想要告诉你一个词："爱"。妈妈怀着对你的爱，怀了你将近十个月，用不了多久，就要诞下这份爱的结晶，也就是你。妈妈希望你能早日懂得爱，爱自己、爱家庭、爱这个世界。幸福，就是因爱而生的。

鸳鸯

扫一扫 听诗经

鸳鸯于飞，毕之罗之。	鸳鸯双双正飞翔，捕它需用大小网。
君子万年，福禄宜之。	祝福君子万年寿，福禄一同得安享。
鸳鸯在梁，戢其左翼。	鸳鸯戏水在鱼梁，嘴插左翅睡得香。
君子万年，宜其遐福。	祝福君子万年寿，福气一生绵绵长。
乘(shèng)马在厩(jiù)，摧之秣(mò)之。	拉车四马拴马厩，每天铡草勤喂养。
君子万年，福禄艾之。	祝福君子万年寿，福禄双全永吉祥。
乘马在厩，秣之摧之。	拉车四马拴马厩，每天喂草又喂粮。
君子万年，福禄绥(suí)之。	祝福君子万年寿，福禄双全能永享。

诗中的画

古人以捕捉鸳鸯象征得到福禄，饲养鸳鸯象征留住福禄，良马在马厩里安详地吃着草料，象征着安然得福。人们忙着喂养它们祈求平安吉祥。

妈妈的话

亲爱的宝宝，你知道吗？鸳鸯是一种让人敬慕的鸟。成双入对的它们，既能同甘，又能共苦。遇到危难，依然忠贞不渝。生活也是这样，有欢乐，也有痛苦。但只要我们心心相印，就算遇到困难，也会无所畏惧。而幸福，更会常相伴随。

麟之趾

麟之趾，振振公子，
于嗟（jiē）麟兮！

麒麟的脚蹄不踢人，仁厚有为的公子们，
你们就像是麒麟啊！

麟之定，振振公姓，
于嗟麟兮！

麒麟的额头不撞人，仁厚有为的公孙们，
你们就像是麒麟啊！

麟之角，振振公族，
于嗟麟兮。

麒麟的尖角不伤人，仁厚有为的公族们，
你们就像是麒麟啊！

扫一扫 听诗经

诗中的画

麒麟，中国瑞兽，性情温和。公子，仁厚有为，性情温和。

麒麟公子，交相辉映，笼罩着一股祥瑞之气，仿佛在祝福人们：早生贵子，子孙贤德。

妈妈的话

亲爱的宝宝，谢谢你在妈妈肚子里陪伴妈妈这么久，给了妈妈一段永生难忘的时光。你很快就要来到这个美妙世界了，幸福就在眼前，妈妈期待着与你相见的那一刻。

图书在版编目（CIP）数据

诗经胎教 / 金照巽主编. -- 南京 ：江苏凤凰科学技术出版社，2020.01
（汉竹· 亲亲乐读系列）
ISBN 978-7-5713-0668-7

Ⅰ. ①诗… Ⅱ. ①金… Ⅲ. ①胎教—基本知识 Ⅳ. ①G610.8

中国版本图书馆 CIP 数据核字（2019）第 256485 号

凤凰汉竹
中国健康生活图书实力品牌

诗经胎教

主　　编	金照巽
编　　著	汉　竹
责任编辑	刘玉锋
特邀编辑	臧凯稚　于志伟　周天宇
责任校对	杜秋宁
责任监制	刘文洋
出版发行	江苏凤凰科学技术出版社
出版社地址	南京市湖南路 1 号楼 A 楼，邮编：210009
出版社网址	http://www.pspress.cn
印　　刷	合肥精艺印刷有限公司
开　　本	715 mm x 868 mm　1/12
印　　张	14
字　　数	210 000
版　　次	2020 年 1 月第 1 版
印　　次	2020 年 1 月第 1 次印刷
标准书号	ISBN 978-7-5713-0668-7
定　　价	39.8 元

图书如有印装质量问题，可向我社出版科调换。